MINISTÈRE DU COMMERCE, DE L'INDUSTRIE
DES POSTES ET DES TÉLÉGRAPHES

EXPOSITION INTERNATIONALE DE CHICAGO EN 1893

LA DISTILLATION ET LA VITICULTURE AUX ÉTATS-UNIS

PAR

M. AUGUSTE FOUCHÉ

EXTRAIT DU RAPPORT DES DÉLÉGUÉS OUVRIERS

PARIS
IMPRIMERIE NATIONALE

M DCCC XCIV

LA DISTILLATION

ET LA VITICULTURE

AUX ÉTATS-UNIS

MINISTÈRE DU COMMERCE, DE L'INDUSTRIE
DES POSTES ET DES TÉLÉGRAPHES

EXPOSITION INTERNATIONALE DE CHICAGO EN 1893

LA DISTILLATION
ET LA VITICULTURE
AUX ÉTATS-UNIS

PAR

M. AUGUSTE FOUCHÉ

EXTRAIT DU RAPPORT DES DÉLÉGUÉS OUVRIERS

PARIS
IMPRIMERIE NATIONALE

M DCCC XCIV

LA DISTILLATION
ET LA VITICULTURE
AUX ÉTATS-UNIS [1].

La fabrication des liqueurs étant nulle aux États-Unis, il ne sera traité exclusivement dans ce rapport que des questions économiques et commerciales. On y verra quelles affaires pourrait y entreprendre, à son grand profit, la distillation française.

Cette opinion est le résultat de l'observation soutenue des mœurs américaines et des nombreux renseignements que les personnes les plus compétentes en la matière ont bien voulu nous fournir.

Mœurs et caractère des Américains. — Le peuple américain, composé en grande partie d'Anglais ou de représentants de la race anglo-saxonne, a acquis ou conservé les mœurs et la plupart des coutumes de la Grande-Bretagne.

L'Américain est bien, comme l'Anglais, un homme froid et paraît peu serviable au premier abord; au fond, il est généreux et assez complaisant. Il est actif, travailleur, pratique, méthodique et patient par excellence; mais il est vaniteux et avoue difficilement ses défauts.

L'alcoolisme aux États-Unis. — Malgré l'excessive sévérité des règlements qu'ont rédigés les législateurs de ce pays pour enrayer les progrès de l'alcoolisme, ce fléau y a marché à pas de géant, faisant des ravages dans toutes les classes de la société.

On a forcé les patrons des bars à fermer leurs établissements le dimanche; on a fondé des Sociétés de tempérance, sortes de cercles dont les membres se rassemblent pour se divertir, pour jouer, causer, lire, etc., et, de cette façon, éviter la consommation des liqueurs alcooliques; les ivrognes ont été condamnés à de fortes amendes et même à la prison; on a couvert de la déconsidération générale les gens convaincus de s'enivrer ou même de posséder chez eux des boissons fortes.

[1] Extrait du rapport de M. Auguste Fouché.

Un arrêté, datant de 1888, a limité, dans l'État de Massachusetts, le nombre des débitants de boissons à 1 pour 1,000 habitants dans la campagne et à 1 pour 680 habitants à Boston.

Malgré toutes ces mesures, les progrès de l'alcoolisme vont toujours croissant, et la consommation, qui, pour la France, est évaluée à 3 lit. 40 d'alcool par habitant et par an, atteint, aux États-Unis, le chiffre énorme de 5 lit. 36.

Les bars, dont la porte principale, celle de devant, est toujours close le dimanche, possèdent une porte de côté qui ne ferme point, et le débit se fait clandestinement. Souvent les salles sont remplies de consommateurs.

Les Cercles de tempérance sont quelquefois fréquentés par des gens qui, ayant fait de nombreuses libations aux bars, ont besoin d'un peu de repos avant de rentrer dans leur famille.

Quant aux gens qui boivent seuls chez eux, on ne saurait les compter, et pour cause : on comprendra qu'ils ont le soin de bien se cacher.

Dans les États où la police ne tolère pas l'ouverture clandestine des bars, c'est chez les pharmaciens que se consomment la bière et le whiskey ; les pharmaciens, en effet, vendent non seulement les médicaments et les eaux minérales comme chez nous, mais encore toutes les boissons ordinairement débitées dans les bars et, de plus, le tabac, les cigares, les timbres-poste, etc.

Un décret, paru vers 1889, a soumis les débitants et les pharmaciens de l'État d'Iowa à une réglementation sévère en ce qui concerne la vente du whiskey. Seuls les médecins ont eu la liberté de prescrire et de vendre ce produit. Il est arrivé alors que le nombre des médecins s'est accru considérablement, et que la plupart des cabinets de consultation se sont transformés en véritables tavernes.

Les Américains ne vont pas au bar comme nous allons au café, pour se trouver en société, pour converser, lire, écrire, jouer, se reposer, etc.; ils n'y vont absolument que pour boire et pour boire des liquides alcooliques.

Description des bars. — De ce fait, les bars ont une tout autre disposition que nos cafés. Presque tous sont situés aux angles des rues. Ils possèdent une devanture vitrée qui, le plus souvent, ne permet pas de voir le consommateur du dehors. Une porte légère donne accès dans la salle de débit; les deux vantaux, en bois découpé à jour ou en façon de persiennes, s'ouvrent par une simple poussée pour l'entrée ou pour la sortie.

Cette salle ne renferme ordinairement que deux meubles : un comptoir qui en prend toute la longueur et derrière lequel se tiennent les garçons de service, et une étagère à la portée du client sur laquelle sont disposés des plats contenant des viandes froides et des entremets : fromages, olives, gâteaux, etc., mis gratuitement à la disposition du consommateur. C'est ce que l'on nomme le *free lunch* (repas gratuit).

Derrière les garçons, un casier scellé au mur supporte des bouteilles de whiskey de différentes qualités, des vins de France ou de Californie, du champagne, du vermout, de l'absinthe et quelques rares échantillons de nos liqueurs françaises.

Consommation américaine. — L'Américain prend généralement du whiskey qu'on lui sert sur le comptoir en même temps qu'un verre d'eau. Il paye d'abord, avale ensuite d'un trait le whiskey, en fait autant du verre d'eau, puis s'en va ou prend quelque aliment sur l'étagère et renouvelle la consommation.

Les eaux-de-vie de vin et les liqueurs entrent pour bien peu dans la consommation américaine. Les eaux-de-vie de vin sont fournies partie par la France et partie par la Californie; les liqueurs viennent presque toutes de France.

A notre avis, la raison de cette faible consommation ne doit pas provenir, comme nous l'avons souvent entendu dire, de la préférence que les Américains ont pour le whiskey, mais bien plutôt du prix élevé de ces liqueurs qui se vendent couramment au bar de 0 fr. 75 à 2 fr. 50 le verre, tandis que le whiskey ne se paye que 0 fr. 25.

Ces prix de vente des produits français sont exorbitants, mais cela tient à ce que, au prix brut de la marchandise, viennent s'ajouter des frais énormes, tels que les droits de douane, le bénéfice des divers intermédiaires et des détaillants.

Tarifs douaniers concernant les produits français. — Les tarifs douaniers américains sont aujourd'hui presque prohibitifs à l'égard de nos produits : nos spiritueux et nos liqueurs payent 595 fr. 36 par hectolitre d'alcool pur; nos vins en fûts, 68 fr. 43 par hectolitre; les vins en bouteilles, 0 fr. 70 par unité, et nos vins mousseux, 3 fr. 50 également par unité.

Des droits aussi excessifs, on le comprend, entravent complètement notre exportation aux États-Unis. Pendant qu'en 1892 nous expédiions

70,000 hectolitres de spiritueux en Angleterre où les droits de douane sont relativement peu élevés, nos exportations aux États-Unis ne s'élevaient qu'à 5,585 hectolitres.

Cependant les États de l'Ouest des États-Unis, depuis la Californie jusqu'à l'Iowa, l'Illinois, le Missouri et le Texas, sont peuplés en partie d'Allemands, d'Italiens et d'Espagnols qui connaissent et apprécient nos liqueurs. Il est certain que ces populations en consommeraient une certaine quantité si elles pouvaient se les procurer à un prix raisonnable.

Avenir de la distillerie française. — Ce serait à nous, Français, inimitables dans l'art de fabriquer les liqueurs, d'agir pour soutenir notre industrie nationale en faisant mieux connaître nos produits et en obtenant la réduction des taxes qui les frappent à leur entrée.

A l'heure actuelle, des liquoristes intelligents et capables devraient faire dans ce pays neuf des affaires d'or. Et, pour nous servir d'une expression souvent employée et qui rendra bien notre pensée, nous croyons pouvoir affirmer que les années qui vont suivre seront « le bon temps » des fabricants sérieux.

Nous sommes persuadés que, prochainement, les liquoristes allemands, connaissant bien la situation des États-Unis, seront en possession des marchés les plus avantageux.

La viticulture aux États-Unis. — Les Allemands sont les premiers vignerons des États-Unis : ce sont eux, en effet, qui, vers 1865, ont créé la viticulture en Californie.

Leurs débuts, il est vrai, n'ont pas été très heureux; le peu de connaissance et de pratique qu'ils possédaient de la culture de la vigne et du travail des vins, la transplantation, sous un climat différent du nôtre et du leur et dans des terrains nouveaux, de plants qu'ils avaient achetés en France et qu'ils ne connaissaient guère, ont été pour eux la cause de bien des insuccès.

Prédictions de M. P.-Ch. Joubert. — C'est alors que M. P.-Ch. Joubert, dans un rapport sur les vins américains qu'il avait dégustés à l'Exposition de Philadelphie, en 1876, disait que nous n'avions nullement à craindre la concurrence de ces vins.

« Les producteurs californiens, disait M. Joubert, ne craignent pas d'affirmer que leurs vins seront un jour appelés à supplanter les vins français, au moins en ce qui intéresse la consommation des États-Unis. *Il n'y a, suivant nous, qu'un excès de patriotisme qui peut les aveugler à ce point.*

« Nous avons dégusté, en 1867, et depuis, de nombreux échantillons de vins californiens et nous répétons ce que nous avons déjà dit : pour mériter le nom de vin, il faut que le jus du raisin soit pur, il faut qu'il fermente sans addition de substances étrangères. Pour qu'il prenne rang de noblesse parmi les produits de la vigne, il faut qu'il ne soit mélangé, ni avant, ni après la fermentation avec des vins d'un cru différent. Dès qu'il manque à l'une ou à l'autre de ces conditions, il est impossible de le classer comme produit d'un raisin, d'un sol et d'un climat donnés.

« Nous n'ignorons pas que les Californiens s'appuient sur un fait qui n'a pas la valeur que les vignerons de cette contrée lui attribuent, à savoir : que la plupart de leurs raisins sont originaires d'Europe et que la Californie est le seul pays de l'Amérique où, jusqu'à présent, ils aient pu s'acclimater parfaitement, en retenant, disent-ils, le goût et la qualité qui les distinguent dans leur pays natal, et ils ajoutent : puisque nous avons le même raisin, un sol également favorable, un climat supérieur et que nous occupons particulièrement des ouvriers français, allemands et espagnols, pourquoi ne produirions-nous pas le même vin ?

« Poser la question n'est pas la résoudre et, en effet, personne n'ignore qu'un cépage appartenant à une contrée, transporté sous une latitude identiquement semblable, mais dans un sol différent, donnera des produits qui n'auront entre eux aucune similitude . . . . . »

Malgré les *bonnes raisons* exposées par M. Joubert, dès 1883 nous eûmes le regret de constater que nos exportations aux États-Unis se trouvaient sensiblement diminuées et que nos vins étaient supplantés sur les marchés américains par les produits californiens.

La viticulture californienne. — A force de travail et de persévérance, les vignerons de ces régions, presque tous Allemands encore à cette époque, avaient fait de la Californie un vignoble important dont la récolte, qui s'élevait cette année-là à 454,000 hectolitres, les dédommageait un peu de leurs premiers insuccès.

Cette augmentation de la production californienne et les droits quasi-prohibitifs mis sur nos vins et sur nos spiritueux par les législateurs des États-Unis engagèrent, en 1883 et 1884, d'autres viticulteurs, des Français dépouillés de leurs vignobles par le phylloxéra, à aller cultiver la vigne dans ce pays. Ils plantèrent autant de terrain qu'ils en purent acquérir, ils achetèrent un matériel considérable leur permettant de travailler en grand et firent des installations immenses.

Vers 1887, la Californie récoltait de 600,000 à 700,000 hectolitres de vin; cette production était presque la consommation totale des États-Unis; et comme ces vins, qui plaisaient aux Américains, étaient peu prisés au dehors, les cours baissèrent notablement et les producteurs se trouvèrent dans l'obligation de brûler une quantité assez considérable de vins qui n'auraient pas trouvé place dans la consommation.

En 1888, on escomptait une récolte de 900,000 hectolitres, mais les grandes chaleurs des derniers mois ayant occasionné beaucoup de coulure, cette récolte se trouva réduite d'un tiers et n'atteignit guère que 600,000 hectolitres. Ce désastre eut l'immense avantage de raffermir les cours et d'éviter la crise qu'aurait amenée une production aussi écrasante. De 20,000 hectolitres qu'elle était en 1870, la production de la Californie atteignait 600,000 hectolitres en 1890 et, dans le même temps, la production totale des États-Unis montait de 113,000 à 1,500,000 hectolitres. Quoique la récolte n'ait pas sensiblement augmenté pendant ces dernières années, l'encombrement devint néanmoins de plus en plus grand, surtout en ce qui concerne les eaux-de-vie dont une certaine partie restait chaque année invendue.

En 1891, la production de la Californie s'est élevée à 22 millions de gallons, soit environ 880,000 hectolitres; c'est alors qu'a commencé la crise qui a amené pour l'année 1892 une diminution de 2 millions de gallons.

L'année 1893 est sans doute inférieure encore à la précédente.

Situation actuelle de la viticulture et de la distillerie en Californie. — Tels sont les renseignements qui ont pu être recueillis sur la situation actuelle de la Californie. Ces renseignements nous ont été confirmés par M. Deroy, constructeur d'appareils de distillation; que nous avons rencontré au moment où il rentrait de Californie, après un mois et demi de voyage dans ce pays, à l'Exposition de Chicago, où il tenait haut et ferme le drapeau de l'industrie française.

Actuellement, en Californie, les affaires sont dans le marasme le plus complet en ce qui concerne le commerce des vins et des eaux-de-vie.

Les producteurs sont encombrés de stocks importants avec la perspective peu encourageante de faibles demandes.

La différence entre le prix de vente en gros des eaux-de-vie ordinaires, logement compris, et le prix d'achat du vin employé à la distillation n'est guère que de « 10 cents » (0 fr. 50) par gallon (3 lit. 87).

Il est facile de comprendre que ces 0 fr. 50 par gallon ne suffisent pas à indemniser le distillateur des frais de main-d'œuvre, de combustible, de futaille, etc. Dans ces conditions, le travail est ruineux; aussi, depuis quelque temps, la production voit-elle la nécessité de se restreindre.

Cette situation a de nombreuses causes, notamment celles qui influent actuellement sur l'état économique de l'industrie et du commerce américains : en premier lieu, la crise monétaire et financière qui existe aux États-Unis; puis la pression opérée par quelques gros syndicats de spéculateurs qui dirigent le marché à leur guise et étranglent le producteur.

Le fermier et l'éleveur sont victimes de cet état de choses, aussi bien que le vigneron et le distillateur; le mal est général. Une autre cause de cette situation, c'est la fièvre de production excessive de ces dernières années qui est, comme nous l'avons déjà dit, hors de toute proportion avec les débouchés actuels.

On a trop planté depuis dix ans. Le viticulteur, escomptant un avenir qui n'a pas tenu ses promesses, s'est endetté, et, à part quelques rares exceptions, il n'a pas les moyens de conserver ni même de soigner convenablement les produits de sa récolte.

Telle est la conséquence fatale de l'engouement des années précédentes.

Il est d'ailleurs incontestable que les vins de Californie ont été fort mal présentés au début, ce qui a nui à l'extension de la vente au delà de certaines limites. Il est vrai que les viticulteurs ont fait école et qu'ils sont en progrès, mais leurs vins n'atteindront jamais la qualité des nôtres.

Les nombreux échantillons que nous avons dégustés, quoique nous ayant été présentés comme supérieurs, nous ont produit une impression bien peu favorable. Ces vins, d'une couleur foncée virant au noir, sont très alcooliques, mous, pâteux et ne possèdent ni fraîcheur, ni bouquet, ni saveur. Les meilleurs ont quelque analogie avec les vins d'Italie et d'Espagne; mais ils sont plutôt de qualité inférieure à ceux-ci.

Exportation. — De la production de 20 millions de gallons de vins, 12 millions environ sont exportés de Californie sur les marchés des États-

Unis et à l'étranger (Amérique centrale, Mexique, Japon et aussi quelque peu vers l'Angleterre et en Allemagne).

Moûts concentrés. — L'Angleterre reçoit en outre de Californie des moûts concentrés destinés à être étendus d'eau et mis en fermentation pour produire des vins.

Ces moûts concentrés sont le résultat de la réduction des jus de raisin soumis à l'action d'appareils pneumatiques spéciaux qui en évaporent les parties aqueuses sans en altérer les ferments.

Il existe, entre autres, en Californie, une importante fabrique où l'on concentre par vingt-quatre heures environ 100,000 kilogrammes de jus de raisin. Le produit, qui ressemble beaucoup à des confitures, est mis dans des futailles ou dans des boîtes de fer-blanc et expédié sous la dénomination de *jus de fruits*, principalement à Liverpool. Là il existe plusieurs usines qui traitent ces moûts, les mettent en fermentation et en fabriquent des eaux-de-vie de vin de basse qualité.

Notre commerce vinicole n'a pas à craindre la concurrence des vins produits par ces moûts. Ces vins sont de qualité très médiocre, de beaucoup inférieure à celle des vins de raisins secs, et, quoiqu'ils échappent aux droits de douane, ils sont encore d'un prix de revient assez élevé; d'un autre côté, les expériences de vinification qui ont été faites avec les moûts concentrés ont donné des résultats bien peu satisfaisants.

Quant aux eaux-de-vie, on peut en estimer la production à 2 millions de gallons (soit 80,000 hectolitres). Elles proviennent presque toutes des vins. On distille peu d'eaux-de-vie de marcs de raisins pour lesquelles il n'y a pas de vente courante. Aussi, lorsqu'on utilise les marcs pour la distillation, il est rare qu'ils soient mis directement à l'alambic; on en fait des piquettes dont le produit distillé passe comme eau-de-vie de vin.

La distillation des eaux-de-vie de fruits figure pour une proportion insignifiante dans les chiffres donnés ci-dessus.

Il est impossible de tabler exactement sur les indications de la statistique de l'exportation des eaux-de-vie, car une partie de cette exportation est fictive.

Régime fiscal. — Les lois fiscales ne permettant pas de garder les eaux-de-vie en entrepôt plus de trois ans sans en payer les droits qui s'élèvent à 90 cents par gallon (245 fr. 36 par hectolitre d'alcool pur), le distillateur est obligé de les faire sortir du pays pour les remettre de nouveau en entrepôt et bénéficier ainsi d'un nouveau délai de trois ans pour l'acquittement des droits, ou alors de vendre ses eaux-de-vie, même à perte, ce qui est moins ruineux pour lui que d'emprunter, s'il n'a pas d'argent. De ces ventes forcées vient l'avilissement des prix.

Les eaux-de-vie sont généralement de qualité inférieure. Comme pour les vins (et bien d'autres produits, du reste), on vise plutôt à faire beaucoup et vite qu'à faire bien.

Les distillateurs californiens trouveraient dans les vins de leur pays la matière d'excellentes eaux-de-vie, s'ils accordaient plus d'importance au choix des appareils distillatoires et aux soins à donner à la fabrication.

D'un autre côté, certaines de leurs eaux-de-vie gagneraient à être adoucies, mûries par un traitement approprié; mais là, nous nous trouvons en présence d'une réglementation bien gênante. La loi américaine soumet la manipulation des eaux-de-vie à des règlements très sévères et très compliqués.

Le négociant ou le distillateur qui désire *bonifier* des eaux-de-vie, ne serait-ce que par l'addition d'un peu de sirop de raisin ou de prunes (on tolère l'emploi d'un peu de caramel), doit prendre une licence spéciale de *rectifier*.

Ce terme, *rectify*, ne correspond nullement au français *rectifier*.

Le coût de la licence varie suivant les quantités que l'on traite annuellement.

L'obtention d'une patente de *rectifier* entraîne l'obligation d'afficher cette profession en lettres de dimensions prescrites à la porte principale du magasin ouvert au public. La clientèle interprète généralement cette mention comme équivalente à *tripoteur d'eau-de-vie*, et l'honnête négociant qui tient à bonifier ses eaux-de-vie se trouve être assimilé à un vulgaire falsificateur.

Nos règlements de régie sont d'une simplicité enfantine à côté des *chinoiseries* du fisc américain concernant les spiritueux. L'entrée et la sortie des marchandises, les déplacements, les mélanges, la vidange des fûts sont autant de formalités distinctes et multiples : déclarations, vérifications et contre-vérifications, mises sous scellés, appositions d'étiquettes variées, simples et doubles, relatant depuis ses origines l'histoire du contenu de chaque futaille, avec l'accompagnement obligatoire d'une bibliothèque de registres divers, de livres à souches, de répertoires, etc., enfin, toute la paperasserie administrative qu'impose le fonctionnement d'un système aussi compliqué.

Les distillateurs de grains ou de mélasses sont également soumis à un régime draconien et rigoureusement surveillés. Ils ont chez eux des postes d'employés qui détiennent les clefs des bacs à alcools et surveillent constamment la production des appareils. Ces employés assistent à tous les dépotages et font diriger les fûts d'alcool sur un magasin que chaque distillateur est obligé de construire à ses frais à proximité de son usine.

Les alcools entreposés dans ce magasin sont sous la surveillance des employés du fisc. L'impôt en est payable le jour de la sortie, à moins qu'ils n'y restent trois ans; dans ce cas, l'impôt est payable au bout de ce laps de temps.

Au bout de la première année de magasinage, le distillateur est tenu de payer les intérêts des droits à raison de 5 p. o/o.

Les fûts ou autres récipients ne peuvent pénétrer chez le marchand en gros ou le débitant que munis d'étiquettes de garantie.

Les employés font chez ces commerçants des visites périodiques afin de s'assurer de l'observation des règlements et en même temps pour oblitérer les marques des fûts.

Production des alcools de grains et de mélasse aux États-Unis. — Le nombre des distilleries de grains s'élève actuellement, aux États-Unis, à environ 700.

La quantité d'alcool produite annuellement est considérable, et la plupart de ces alcools sont réduits vers 40 ou 50 degrés, colorés, bonifiés et vendus sous le nom de *whiskey*, pour être consommés sur place.

D'après un tableau composé par l'Union des distillateurs de l'État de Kentucky, la production annuelle du whiskey aurait atteint, en 1891, le chiffre de 116 millions de gallons (4,600,000 hectolitres).

Les exportations sont insignifiantes. Il n'existe pas de distilleries de betteraves, et les distilleries de mélasses sont très peu nombreuses. Les grains les plus employés pour la fabrication de l'alcool sont : le seigle, auquel les distillateurs américains attribuent la production de la meilleure qualité de whiskey, puis le maïs, le froment, l'orge et le sarrasin.

La saccharification par le malt est le procédé le plus fréquemment usité.

Les alcools américains sont généralement moins bien rectifiés que les nôtres.

La quantité de grains récoltée par les États-Unis est tellement considérable que, malgré l'immense exportation, les producteurs s'en trouvent absolument encombrés et les vendent aux distillateurs à des prix dérisoires.

Conditions des ouvriers américains. — La main-d'œuvre est, dans toutes les industries, beaucoup plus chère qu'en France.

Les ouvriers ordinaires de toutes les distilleries que nous avons visitées : chauffeurs, meuniers, sommeliers, charretiers, gagnent 2 dollars par jour — le dollar vaut 5 fr. 18.

L'ouvrier chargé de la préparation de la levure reçoit 6 à 7 dollars par jour (30 à 36 francs) et les appointements du distillateur sont d'environ 80 dollars par semaine de 5 jours et demi, soit 65 à 70 francs par jour.

Mais il faut bien se pénétrer de l'idée que ces appointements ne sont élevés que relativement, la vie étant très chère en Amérique.

L'ouvrier qui ne vit pas en famille ne peut faire que de bien faibles économies : sa pension lui coûte 35 ou 40 francs par semaine (5 ou 6 francs par jour). Ensuite les vêtements et les objets qui ne sont pas de première nécessité sont très chers.

Seul, l'ouvrier qui vit en ménage peut facilement élever sa famille et arriver à l'aisance, car la vie en ménage n'est pas beaucoup plus coûteuse qu'en France : le pain et la viande valent 0 fr. 50 le kilogramme, la bière 0 fr. 50 le gallon (environ 4 litres). Et si les vêtements de drap sont environ un quart plus chers que chez nous, ceux de coton sont, par contre, bien meilleur marché.

Il existe aux États-Unis de nombreuses Associations ouvrières dont les principales sont la *Fédération américaine du travail* et les *Chevaliers du travail.*

Le but de ces Sociétés, leurs statuts et leurs règlements sont très connus en France.

L'étude que nous avons faite de ces règlements ne nous a rien appris qui ne se fasse chez nous; ils sont tous à peu près la copie les uns des autres.

Les nombreux et éminents économistes qui ont écrit sur ces questions en ont amené une diffusion presque complète dans les deux pays.

A plusieurs points de vue, la condition de l'ouvrier américain nous a vivement frappés.

Cet ouvrier a, en général, une tenue beaucoup plus correcte que celle de l'ouvrier français de l'industrie similaire.

Après le travail, à la sortie des usines, on voit les ouvriers vêtus d'un habillement de drap, d'un chapeau «melon», avec un col et des manchettes propres, qui leur donnent un air de bien-être et même de distinction.

L'honneur de cet état de choses revient surtout aux industriels, qui ne ménagent jamais rien pour l'obtenir et y tiennent la main par un règlement sévère. Ainsi, dans chaque usine, sont installés des vestiaires divisés par cases où chaque ouvrier peut changer de vêtements; on y trouve des lavabos très confortables où le savon et les serviettes sont à la disposition de chacun; on y voit même des salles de bains fort bien aménagées.

A ce point de vue, nos industriels devraient bien s'inspirer de l'exemple de leurs confrères d'Amérique.

L'installation de vestiaires et de lavabos serait une dépense relativement minime et ce serait une grande chose pour le bien-être et l'hygiène des travailleurs.

L'exposition vinicole à Chicago. — L'exposition française de liqueurs à la *World's Fair* primait de beaucoup toutes les autres; la majeure partie de nos grands industriels y avaient envoyé des produits remarquables.

Les autres puissances présentaient beaucoup moins d'échantillons.

Comme exposition de vins, l'Espagne tenait la tête.

La Californie présentait une quantité prodigieuse d'échantillons.

La France et l'Algérie, dont l'exposition générale était fort belle, avaient apporté aussi beaucoup de vins.

Venaient ensuite l'Allemagne, — qui avait une salle à part, fort bien décorée de dioramas, qui représentaient les principaux coteaux du Rhin, — l'Italie et le Portugal.

Bien d'autres pays encore avaient dans leur exposition générale, les uns des alcools, les autres des vins, mais peu de liqueurs. Nous rangerons notamment dans cette catégorie la République Argentine, le Brésil, le Pérou, le Mexique, etc.

Grâce à l'obligeance de M. Jacquet, représentant de MM. Salmon et Lumley dans la section française, nous avons pu déguster les produits des pays les plus avancés dans la fabrication des liqueurs et les comparer avec les nôtres.

Nous n'avons rien trouvé qui en approchât, même de loin; l'Espagne, qui présentait les meilleurs échantillons dans ce genre après la France (elle expose des anisettes et des curaçaos remarquables), n'avait rien qui puisse être comparé avec nos produits; nous mettons à part ses vins de liqueur qui étaient d'excellente qualité.

Nous ne pouvons passer sans la citer l'exposition de fruits de la Californie, qui avait une réelle importance.

La Californie récolte une quantité considérable de fruits de toute espèce : notamment des oranges avec lesquelles les Californiens font un « cidre » d'une saveur très agréable et qui a obtenu plein succès comme boisson rafraîchissante à l'Exposition.

Pour les appareils distillatoires, la France tenait la tête grâce à l'importante exposition de M. Deroy fils aîné, rue du Théâtre, 73, 75 et 77, à Paris, qui présentait un grand nombre d'appareils de toutes sortes; grâce aussi à M. Bréhier, rue de l'Ourcq, 50, à Paris, qui avait envoyé un magnifique laboratoire à vapeur, et à M. Egrot, rue Mathis, 19, à Paris, qui exposait des plans d'appareils agricoles.

L'Allemagne présentait quelques appareils à colonne et plusieurs constructeurs des États-Unis avaient envoyé des reproductions en petit de distilleries agricoles.

Dans un bâtiment spécial, une distillerie de whiskey installée par l'Union des distillateurs de l'État de Kentucky était en activité.

L'Exposition de Chicago pourrait être un précieux auxiliaire relativement à l'extension du commerce des boissons françaises en Amérique si notre diplomatie pouvait obtenir des concessions sur les tarifs douaniers actuels, car elle aura permis aux Américains d'apprécier nos produits et de leur démontrer une fois de plus notre supériorité dans l'art de la fabrication des liqueurs, des eaux-de-vie et aussi dans la vinification.

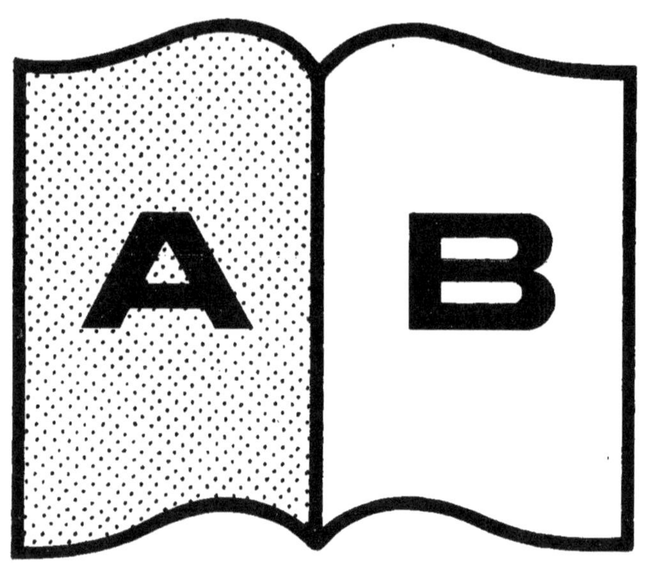

Contraste insuffisant

NF Z 43-120-14

www.ingramcontent.com/pod-product-compliance
Lightning Source LLC
LaVergne TN
LVHW010222230826
846091LV00008BB/3632

9782013669160